El amor

y

la distancia

Número de Control de la Biblioteca del Congreso de EE. UU.:   2014908985
ISBN: Tapa Blanda   978-1-4633-8423-4
                    Libro Electrónico   978-1-4633-8424-1

Para realizar pedidos de este libro, contacte con:
Palibrio LLC
1663 Liberty Drive
Suite 200
Bloomington, IN 47403
Gratis desde EE. UU. al 877.407.5847
Gratis desde México al 01.800.288.2243
Gratis desde España al 900.866.949
Desde otro país al +1.812.671.9757
Fax: 01.812.355.1576
ventas@palibrio.com
627114

Cariño mío, aquí desde que amanezco,

Mi corazón está dispuesto a cambiar el sueño por ti.

Aquí todavía pensando en el día que pueda estar junto a ti,

Aquí todavía y se alargan los días sin poder sentir tu calor.

Solo aquí, aquí en mi pecho, siento un profundo dolor.

Vi una rosa triste porque quería estar en tus manos,

Vi un zunzún enamorado probando el néctar de esta flor,

Vi su locura, vi su pasión, vi su alegría, vi su nobleza,

Vi con franqueza sus lágrimas de rocío de flor, vi la flor marchita,

Vi como sus hojitas decían quiero abrazarte mi amor,

Vi como sus espinas pinchaban de amor su tierno corazoncito,

Vi como su color rosado atraían a su enamorado,

Vi como con sus alas heridas al zunzún enamorado

Tratando de volar.

Y por último vi que el viento no dejara llegar a su tierna y bella flor.

Las personas me dicen que me asemejo a una estatua,

Que mis ojos no pestañean, que la tristeza abunda en mí,

Que no existe un momento para mí en que haya felicidad.

Quien, ¿solo quién? No puede sentirse así, que enamorado sin tener a su amor

A su lado pudiera sentirse feliz, ¿solo quién?

¿Quién reiría? Quien no se sentiría afligido e infeliz. ¿Solo quién?

Solo el que no ama y vive para sí.

Se acerca diciembre, se acerca la nieve donde estás tú.

Se acerca un tiritar, se acerca un temblar de frio, se acerca nuestro aniversario,

Se acerca el día de nuestro primer beso de amor,

Se acerca la pasión que desde un 28 ha continuado presente,

Se acerca el día en que tome tu mano, se acerca el día que un anillo coloque,

Se acerca el día en que te demostré que anhelo permanecer a tu lado,

Se acerca diciembre y no estoy allí contigo.

5

Parecen aguas claras que están oscuras,

Parece una aventura lo que hemos tenido,

Parece panal sin miel, parece flor que no llega a producir su fruto,

Parece una eterna sequía, parece esta vida mía a un respiro sin aliento,

Parece un profundo tormento no estar a tu lado,

Parece como tener apetito y no ser alimentado.

Parece un cielo empedrado, parece como si piedras te cayeran,

Parece aflicción, parece un montón de eternas dolencias,

Parece que tu ausencia destruye mi corazón.

Ya me siento más contento, observo mi llegada a ti.

Por fin contemplo el día, el día de estar junto a ti.

El día de mi novedad, el día de no ver como noche,

El día de mucha alegría, el día de tu eterna presencia,

El día en que tu ausencia no resulte ser para mí.

7

Soplaste un aliento en mí, te llevaste la frustración,

Condujiste mi vida a descanso, destruiste mi desespero

Aniquilaste mis pesadillas,

Permitiste que una semilla retoñara para vivir,

Quitaste de mí todas las desilusiones,

Cosechaste las razones que me atan hacia ti.

Tomo un lápiz y un papel, tomo un pincel,

Recolecto temperas para que no falte ni un solo color,

Hago pinturas y dibujo tu rostro mi amor.

En el lienzo se reflejan hermosas flores que coloco sobre tus manos,

Rosas, claveles. Y en la tempera derramo una fragancia de olor selecto,

Dibujo tu sonrisa, tu contentamiento, dibujo tus manos y las mías,

Dibujo la luz que se refleja, dibujo como los ríos la felicidad,

Dibujo en mis pensamientos el deseo de estar a tu lado.

9

Allí donde te encuentras tu, aunque lejos estas de mí,

Yo sé que tu mente aunque yo no esté presente habrá un lugar para mí, allí

Esta tu calor por si tengo frio, ahí también están los dulces sueños que has tenido,

Los hermosos momentos que estuviste a mi lado,

Allí, solo allí es donde quiero estar, quiero besarte, quiero mirarte,

Quiero allí contigo disfrutar tu compañía, solo allí donde estas tu.

10

Amor es cultivar una semilla, es regarla, verla nacer,

Es verla crecer con el deseo de que produzca. Amor es querer ser alimentado

Como se alimenta un zunzún del néctar de una flor, es como la mañana, los rallos del sol,

Es como la sed de una persona sin agua. Amor es cultivar un cariño por quien quieres conocer,

Amor es luchar por quien quieres tener.

11

Que bueno fue conocerte,

A ti mi amor querido, siento que soy tu amigo

Y que estoy en tu corazón. Siento que las llamas del amor

En mi vida van en aumento, todo lo que yo miro me hace recordarte.

Miro una nube y esta se transforma en ti. Miro las estrellas y me dan la luz de tus ojos,

Y en una mañana que vaya a un jardín, Siento el aroma que proviene de ti.

Veo la arena y está tu nombre y el mío.

Y del aire ¿qué decir? Al sentirlo sobre mis oídos

Siento decir que me amas y al desviarse de mí,

Mi vos se escucha sobre ti, también te dice que te amo.

Anoche soñé, Soñaba que viajaba dentro de un sobre en una carta que te envié.

Soñaba que era un pequeñín, algo diminuto.

Sin embargo cuando llegué tú no alcanzabas a verme.

Te llamé pero tú no me escuchabas, tuve que calar por un poro de tu piel.

Al llegar a tu corazón la puerta se abrió sin siquiera tocarla.

Entré allí, todo era muy bonito, había un cofrecito

Lleno de dulces recuerdos, había muchas fotos mías, rosas, canciones y poesías.

¡Ya sabía que me querías!

¡Y que bien me sentí! Pude descubrir que estabas enamorada.

Y cuando tu corazoncito palpitaba me hacía sentir muy feliz,

Porque esto me decía que me amas. No quería salir de tu corazón

¡Oh que malo! Desperté del sueño.

¡Pero aun despierto Sueño contigo mi amor!

Salió la luz cuando te conocí,

La aurora se despertó. Habían tinieblas pero

Aunque Dios estaba con su creación había nubarrones.

Todas la demás creaciones lo notaban. La Luna, las estrellas.

Sin embargo este resplandece

Cuando un meteorito le da lo que necesita para brillar,

Le da la energía que necesita para resplandecer

Y así todo coge su tono. La flores sus colores, las frutas sus sabores

Y el cielo su maravilloso color azul.

14

Mi mariposa

Pronto volaras hacia aquí, el jardín estará cubierto.

Y aunque pruebes el néctar de todas estas flores,

No te sentirás satisfecha .Sin embargo si besas los labios del jardinero

Que ha cultivado estas para ti, sentirás un néctar que no lo dan las flores,

Lo dará el amor que el siente por ti.

15

Mi amor, tú te sientes triste Y yo tengo tristeza,

Tú lloras y yo también lloro, tú sufres y yo también sufro,

Pero piensa que aunque estemos lejos

Nos amamos. Hay quienes están cerca y no saben amar,

En algunos hay miel y en otros hay hiel, en unos hay luz y en otros oscuridad,

En unos hay sueños y en otros pesadillas.

En unos hay una flor y en otros una mariposa.

Pero en mi amor hay muchas rosas que regalo para ti.

Tú eres mi néctar, mi aroma, mi paloma que volará hacia mí, tú eres mi corazón rio de ilusión porque muero por ti.

Te he amado, te amo y te amaré por siempre. No te sientas triste. Siéntete feliz.

Si me siento solitario es porque no estás tú,

Por ello cuando me acuesto tomo mi almohada y me abrazo sobre ella

Pensando que eres tú. Para sentir tus labios,

Froto los míos con una fresa, precisamente en la noche

Que hacen que tus ojos oscuros velen mi sueño.

17

Mi princesa, muy lejos está tu castillo y yo no puedo viajar,

Mi corazón tiene un fuerte palpitar y es porque no te contemplo, no te observo

Lo lamento. No besarte ni palparte hace suspirar.

Siento que me asfixio, Se paraliza mi corazón.

Por favor, necesito tu calor, Siento que me congelo,

Tengo frío. Solo ven mi amor, abrázate sobre mí, ven y bésame,

Podré dormir tranquilo y al fin se habrán acabado ya las locuras mías.

Me siento feliz de que me tengan bajo su lecho.

Ustedes padres de mi querido amor, porque

Desde un lejano jardín dejaron salir una mariposa

Hacia otra tierra lejana donde se encontraba un lirio con sed.

Necesitaba que alguien lo besara para que sus pétalos abrieran.

Ustedes le brindaron su cariño, en la sombra de sus alas

Se vio el rostro de todos ustedes, me enviaron otros néctares,

Me enviaron miel. Mis pétalos se fueron abriendo.

Es imposible que su amor marchite, más bien hace que un jardín florezca.

Como una oruga dejaron que este amor se cultivara hasta transformarse en lo que es.

Dejaron que sus pétalos de rosa nos sirvieran como colchón,

Nos hicieron sentir cómodos, nos fumigaron contra las plagas

Al brindarnos su apoyo.

¡Que de su amor sigan brotando estas cosas para que siempre hallan semillas!

19

Un día más y no poder palparte.

Mi casa se siente vacía y es porque no estás tú.

Solo sé que cuando tú estabas todo era muy bonito. Estar cerca de ti

Me causaba un sueño profundo. Esto me relajaba y teniendo calor

Me refrescaba tu brisa. Tus palabras desprendían miel del panal

Y tus dulces labios cuando me besaban hacían que mi corazón palpitara

Fuera de lo normal, Cuando amanecía, ¡Que feliz no fuera un sueño!

¡Sino una realidad tenerte a mi lado! Pero en este momento está todo nublado

Y es porque no estas junto a mí.

Ahora aunque quiero dormir no puedo, tengo insomnio porque tú no estás aquí.

Quisiera tener un sueño profundo y despertar

Cuando ya estés junto a mí. El cielo ya no se nublará,

Tus rayos de sol harán que esto suceda.

Tanto las aves como los pájaros entonarán con su trino una canción

Y un lindo arcoíris saldrá representando que ya no veo en blanco y negro

Sino que veo el azul, color que representa al amor

Y eso es lo que siento por ti.

21

Te amo mi amor.

Mi corazón palpita por ti,

En mi mente están los dibujos de tu rostro,

En mis labios están las caricias de tus besos.

Mis oídos sienten el susurro que me amas

Y mi rostro siente la ternura de tus manos.

Tu pasión por mí me cautivara,

Me hace sonreír, me hace soñar despierto.

Hace sentirme feliz pues nuestro amor creció como

Los árboles crecieron igual a los

Jardines que florecieron. Por ello mis labios de zunzún

Quisieron probar el néctar de tus labios de rosa.

22

Los días se hacían largos, solo sé que ya quería tenerte.

Mi sequía era mi sed por ti. Mi amor, mi ilusión y mi cariño por ti

Se hicieron patente el día que nos conocimos,

Mi amor sigue vivo en invierno, verano, otoño y primavera,

Mi corazón se siente contento de que en todo tiempo permanezca cerca de ti.

Pero me sentí más feliz cuando nuestras manos se juntaron

Precisamente en unión matrimonial. Cuando nuestros labios se besaron.

Tal como un barco anclado en lo profundo, tu amor se penetró dentro de mí ser.

Y como el sonido de las olas, así palpita mi corazón por ti.

23

Mis lágrimas son salobres

Pero mis sentimientos son dulces,

Como olas mis ojos cierran y abren, Me siento triste, y suspiro.

En mis ojos se reflejan toda la belleza de la profundidad de los mares,

Los peces, los corales, hermosos tesoros que se encuentran en lo profundo.

Pero no es difícil llegar allí.

Porque mis manantiales brotan y hace que suba lo que siento por ti.

Mis aguas son claras pero reflejan un azul. Como sonido de las olas

Así mi corazón palpita por ti.

Si observaras en mis ojos verías un bello paisaje,

Y sobre todo el brillo del sol reflejar,

Verías gaviotas volar que se alimentan de amor y no de peces,

Porque el alimento material hace que lo rechaces por momentos,

Pero este alimento el de mi corazón es una pasión que continua anhelante,

Da hambre al que lo come,

Da un apetito que se vuelven pececitos que solo quieren nadar.

Y como pulpo el amor te atrapa al no quererte soltar.

24

Con una carnada cae un pez en un anzuelo,

Así resulta ser un beso de amor.

Como consuelo sobre tus labios se quedan,

Pero no es algo que lastima, es un analgésico contra el dolor,

Es vida, alimento, pasión, sonrisa e ilusión,

Es la razón que te hace navegar.

Se siente todo tan callado.

El horizonte nublado sin pájaros que puedan entonar un sonido,

Ni siquiera la suave brisa.

Un parálisis rotundo ha ocurrido en las plantas, apenas se ve un águila volar.

Desciende un color marchito y en la opaca verdura de las plantas

Ni siquiera la luna quiere gotear su rocío.

¿Oh naturaleza que ha pasado contigo?

Esconde tu tristeza, quémala, nutre en ti un bello colorido.

Llene la luz tu corazón con un fuerte torbellino,

Descienda en ti la lluvia, el rocío.

Llénese de alegría tu alma cuando regrese el sol

Y que frote con sus labios en dulzura

Tus labios que están amargados.

26

Una noche más, semanas, meses, minutos y segundos

Que pasan sin estar a tu lado,

Una oscura y tenebrosa noche más

Que sigo enamorado, que canto, que escribo,

Que envio cartas, que hago poesías.

Como todos los días de un ser que siente como caliente clima

Sus cálidos calores, como el sabor del mar, como huracanes,

Como en desierto árido sin beber agua,

Como barco anclado en lo profundo,

Como tormenta en el mar,

Como pozo sin manantial,

Como en tinieblas sin poder palparte, sin abrazarte,

Sin besar tus labios, sin tener tu sonrisa,

Sin observar tu mirada,

Sin que tus tiernas manos acaricien mi rostro

¡Mi amor!

27

Eres la flor que le da néctar a mi existir, eres el rocío que hace

Que mis labios estén sedientos de amor por ti.

Demuestras tus colores al darme el sonreír

Y me curas con tu miel porque estoy enfermo de amor por ti.

Yo quiero ser el polen y hacerte producir, para

Que toda abeja diga que bello está el jardín.

Para que polinicen otras flores, para que sus botones abran.

Para que su jardinero se sienta feliz.

28

Mis amigos me preguntan porque mi rostro se opaca con una neblina,

Porque no rio como ellos ríen,

Porque no fluye mi manantial.

Porque mi alma no se enverdece,

Porque no torno en su igualdad.

Yo les contesto. Si el cielo no te diera su color,

Si no sintieras el sabor de lo que te quieres alimentar,

Si no pudieras respirar el perfume de tu flor.

Te darías cuenta que para ti la aurora te falta.

No solo eso, extrañas su Luz, también su calor.

Que solo son sus reflejos los que quitan de ti las densas tinieblas.

Hay amor,

Siento tu ausencia, solo sé que tu presencia me da satisfacción.

Tengo depresión, quiero dormir y mis ojos no se sierran.

Aunque mis parpados como puertas hacen una cerradura aun así

Mi mente te observa y mi alma se lamenta porque tu no estas.

Se aflige y se siente vacía, mi corazón deja de bombear, está débil,

Tiene tristeza pero también tiene nobleza para poder soportar.

Esperarte y poder contemplar tu belleza,

Para observar mi tristeza como se torna en felicidad.

Quería continuar en mi sueño profundo, un sueño sin soñar.

Porque no quería despertar sin que tu no estuvieras amor.

Por la ventana se reflejó la luz,

Se sintieron los sinsontes.

Todos los animales del monte,

Sonidos de saltamontes que no dejan de sonar.

Mi corazón empieza a saltar, se asusta y se llena de dolor,

Como la lluvia se vuelven lágrimas mi dolor de angustia.

Relámpagos se vuelven los temores de tu ausencia.

Quiero dormir, ¡No!

Mejor quiero que estés presente. ¡Quiero que cuando yo despierte!

¡Estés a mi lado mi amor!

31

Me siento diferente que cuando era un niño,

Porque cuando niño solo quería jugar,

Hasta amor le tenía a mis juguetes.

Sin embargo ese amor dejo de existir.

Ahora que crecí me he enamorado de un amor que conocí.

Este amor que siento se intensifica,

Me cautiva por su esplendor,

Por su cariño, por su pasión.

¡Amar es más bello que tener juguetes!

Mi amor, veo luceros volar y como llegan donde su estrella.

Veo el atardecer, veo el oscurecer,

Veo la luna y veo sus ojos tristes.

De modo que rocío desprende

 Para que no se dañen las flores del cultivo del campesino

El cual no ve descender la lluvia.

Veo descender primavera, verano, otoño e invierno.

He visto manzanos mudar las hojas florecer y producir.

Pero no he sentido apetito de su fruto.

Si su sabor fuera como tus labios,

Entonces seria grande mi anhelo,

Mi deseo de ser saciado. Quiero que estés junto a mí,

Quiero darte de mí luz, quiero que me des tu luz de mujer.

¡Quiero que no pasen estaciones alejado de ti mi amor!

Extraño todo de ti, tu cuerpo, abrazarte, besarte.

Y esas palabras de mujer encantadora

Que cautiva a un enamorado, que dice que te amo

Pues atraviesan tu corazón. Ya que hace que la emoción te haga sentir alagado.

Que te sientas apasionado con su dulzura ya que hace que la amargura se vuelva

Para su lado. Que quitan el hambre al sediento porque ella quiere alimentarte de amor.

¡Siéntase feliz un hombre con una mujer así!

Llamas de amor me inspiran por ti, hacen que un fuego de amor relate mis aflicciones

Y también me apasione al hacerme poeta por ti.

Por favor mi amor, no dejes de leer estos poemas

Hasta que llegue donde estas tu.

Porque ya no será un libro, sino tu propio escritor.

Porque brotara de mi corazón todo lo que siento por ti.

35

Vanessa, Eres famosa por tu nombre y significa muchas cosas hermosas,

Significa perfume de rosas y como esta fragancia resulte ser para ti esta carta.

No he podido llegar hacia ti mi amor.

¡Cuánto quiero yo estar a tu lado!

Que planta no quiere la lluvia, así yo te necesito a ti.

Han resultado ser tan largos estos días.

Y que mal uno se siente cuando estas lejos de quien amas.

Se hacen tan fuertes nuestros sentimientos que no puedes contener las lágrimas.

Se siente tan profundo dolor en nuestro corazón que resulta ser como una intensa sequía,

Parece que nunca van a florecer las plantas y sus hojas van a continuar marchitas.

¡Hay mi amor! Cuanto anhelo tengo de estar a tu lado.

Así como la gran hambre de personas, de niños que lloran y su madre también

Porque no tiene para darle de comer.

¡Mi amor! disculpa mi caligrafía es que mis manos están temblorosas. Por favor

También disculpa las manchas en el papel, son las lágrimas de no poderte tener.

Estoy suspirando y gimiendo de dolor.

¡Hay amor! Cuando estaré allí contigo, pues pasa el tiempo y no lo sé.

36

Que fuerte es mi suspiro, que enorme mi aflicción.

No aguanto más, ya mis manos no sostienen ni siquiera la pluma con que te escribo.

Solo te digo que te hice estos poemas para ti.

Disfrútalos mi amor, porque aquí te hablo de mis besos,

También de mi cariño y todo lo que siento por ti.

Toma todos mis besos y recibe mi cariño, porque con los sentimientos

De un niño yo escribo para ti.

¡TE AMO! DE TU AMOR JOSE CARLOS.

37

Son tantas cosas que quiero decirte, son tantas cosas que

Quiero contarte, son varias las cosas que me atraen de ti.

Tengo ansias de besarte y de continuamente demostrarte
que estoy enamorado de ti.

38

Me levanto temprano y mi deseo vehemente sigue siendo continuamente

Estar cerca de ti. Me levanto pensando en ti, en esos momentos bonitos

Que nos conocimos, en aquellos días en que empezamos una Amistad.

39

Ya no sé que hacer, nos separa la distancia.

Los días avanzan y parecen más largos de lo que son,

No sé que hacer con mi corazón.

Se vuelve desesperación el deseo vehemente por ti,

Seguiré esperando, le rogare a Dios paciencia.

Así mi alma no se impacienta.

Estará tranquila hasta que estés junto a mí.

Tengo sed y no es de agua, tengo sed de ti.

Tengo hambre de tus besos, de abrasarte,

De tenerte aquí conmigo,

De caminar contigo y de tomarnos de nuestras manos.

41

Mi mente se siente tranquila,

Mi alma se siente en paz.

Pasaron esos días amargos, esas noches oscuras

De no tener brillo la luna ni la claridad del sol, porque tu estas aquí.

42

Sueño mucho con estar a tu lado.

Estoy ilusionado en derramarte mi pasión,

Llenarte de alegría y

Entregarte mis más profundas y sinceras palabras que están

Pendientes de no lastimarte sino de asegurarte

Que te amo mucho a ti.

43

No me canso de decirte que te amo.

No me canso de decirte mi amor.

No desistiría ni por el oro ni por la plata,

Ni por diamantes, ni por corales, ni por piedras costosas.

Ni por gemas valiosas, porque te amo profundamente a ti.

Quiero que me perdones si te lastimo y me consueles en mi aflicción.

Cuando lastimo tus labios al besarte mucho. Y recibir tu Consuelo

Porque grande es mi deseo de que me abrases, me digas

Que me necesitas y que también me digas perdona si te lastimo.

45

Rosa bella, pétalos de amor, tus espinas están en mi corazón.

No son espinas que hieren sino que tu enterrado amor,

Se penetra sobre mi alma y me conduce a tu pasión,

Que fue haberte conocido y lo más bello que me paso.

46

El mar se llevó la huella cuando escribí tu nombre y el mío.

Pero mi corazón te sigue conservando

Y se sigue renovando día a día

Porque te quiero. Necesito tu cariño, necesito tu amor

Porque tus rayos de sol son mis dulces reflejos.

47

Ahora me siento triste porque tienes que partir.

Se alejan tus besos, tu rostro, tu cuerpo,

Pero quedara el recuerdo de haberte tenido

Y de haber compartido mi amor

Porque te quiero.

48

Que Bueno fue conocerte a ti mi amor querido.

Mi amor no se siente herido, sino complacido porque he podido tenerte.

Toque tus manos, bese tu cara, pero tus labios no los bese

Porque tengo un profundo respeto por ti.

Solo los besare cuando me case contigo.

49

Son muchas las cosas, profunda la alegría

En saber que encontraría tu mismo amor, tu mismo cariño,

Tu misma dulzura, tu misma ternura,

Las veces que continuaste

Confirmando que me querías.

Sabes amor, cuando te conocí aprendí mucho de ti.

Aprendí a confiar en ti, aprendí de tu gusto,

Aprendí de tu paciencia,

Aprendí que en la ausencia hay que tener paciencia para poder sobrevivir.

Aprendí a confiar en Dios al pedirle la paciencia y pedirle que tu ausencia

No perdure para mí.

51

Esta mañana ha sido angustiosa para mí,

Ha sido dolorosa porque no estoy junto a ti.

Pero sigue siendo mi amor tan intenso como el primer día.

Decir angustia es decir que te extraño, te quiero.

Estar a tu lado sobre todo yo quiero

Y disfrutar de tus besos que son los que me dan aliento,

El aire de respirar, la luz, los colores,

Mi apetito.

¡Diría que todo porque mucha falta me haces a mí!

Printed in the United States
By Bookmasters